AF509272

PROJET

DE NAVIGATION

POUR LA RIVIÈRE DE DRONNE,

DEPUIS RIBERAC JUSQU'A LA FOURCHÉE SOUS COUTRAS.

PROJET
DE NAVIGATION
POUR LA RIVIÈRE DE DRONNE,

DEPUIS RIBERAC JUSQU'A LA FOURCHÉE SOUS COUTRAS,

Dédié a M. BALGUERIE-SUTTEMBERG,

CHEVALIER DE LA LÉGION D'HONNEUR, NÉGOCIANT A BORDEAUX;

Par M. J.-P. TRIGANT-GAUTIER,

Ancien Officier de marine, habitant à Laroche-Chalais, arrondissement de Riberac (Dordogne).

A BORDEAUX,

DE L'IMPRIMERIE DE LAWALLE JEUNE ET NEVEU,
ALLÉES DE TOURNY, N°. 20.

M. DCCC XXI.

A MONSIEUR

BALGUERIE-SUTTEMBERG,

CHEVALIER DE LA LÉGION D'HONNEUR, NÉGOCIANT A BORDEAUX.

Monsieur,

A qui dédier des projets d'utilité générale, à qui demander un appui pour les mettre à exécution, si ce n'est à vous qui, par votre puissant concours à la construction du pont de Bordeaux (monument le plus beau de l'Europe), avez pris place au rang des heureux que la patrie honore et que la reconnaissance publique accompagne.

Je suis flatté que cette occasion me procure l'avantage de vous présenter les hommages respectueux avec lesquels j'ai l'honneur d'être,

Monsieur,

Votre très-humble et très-obéissant serviteur,

TRIGANT-GAUTIER.

INTRODUCTION.

Pour qui sait observer, jamais le patriotisme français
n'a été plus prononcé qu'à l'époque où nous sommes,
non ce patriotisme à bascule, à esprit de parti, exclusi-
vement occupé de faire triompher un système de gouvernement aux dépens d'un autre, qui divise les hommes, qui les rend irréconciliables, et qui prolonge les
révolutions; mais ce patriotisme pour qui le bien du
pays est tout, qui le cherche par tous les moyens com-
patibles avec le bon ordre, qui voit par le bon côté les
institutions existantes, qui, au lieu de les mettre sans
cesse en question, pense que le plus sûr moyen de leur
concilier l'opinion publique, est de les faire servir à la
prospérité générale.

Je vois que tout ce qui présente des avantages sociaux
évidens réveille le zèle de toutes les classes de la société;
les talens s'empressent de fournir des vues, les grandes
fortunes avancent des fonds, l'administration prête son
appui et accorde avec grâce tous les encouragemens qui
dépendent d'elle, les écoles pour l'enseignement public
se multiplient de toutes parts. Le plus beau pont de
l'Europe se construit à Bordeaux, comme pour servir de
couronnement au plus beau port de la France. De nouveaux bassins vont faire du Hàvre, de cette ville qui
dans le dernier siècle n'était qu'une retraite de pécheurs,

un port de mer du premier ordre. Nulle part l'argent ne manque pour des entreprises utiles, du moment qu'on croit pouvoir les conduire avec sécurité.

Parmi beaucoup d'objets d'utilité publique, on s'occupe vivement de la navigation intérieure ; mais tout le monde sait-il bien en quoi et jusqu'à quel degré elle est favorable à la richesse nationale ? Je voudrais pouvoir conduire les personnes qui pourraient concevoir quelque doute sur ce point, jusque dans les gorges des montagnes du Jura, en Auvergne, et dans les Pyrénées ; je leur montrerais des arbres de cent pieds de haut, qui ne valent pas cinq francs ; que dis-je ? qui n'ont aucune valeur, puisque leurs propriétaires les laissent périr sur place ; je leur montrerais ensuite ces mêmes arbres ou les planches qui en proviendraient, conduits par des transports faciles sur les quais des grandes villes, acquérant dès-lors une valeur, et fournissant de nouveaux produits aux besoins de l'industrie et de la consommation.

Appliquons les réflexions que fait naître cet exemple à tous les cas de production et de consommation, et nous aurons la clef de tous les avantages que procure la mer, comme moyen de communication. Les chemins praticables, les rivières navigables et les canaux de navigation, ne sont que des routes perfectionnées. Ils créent des valeurs là où elles n'existent pas, et les augmentent où elles existent, ainsi que la quantité des produits, en faveur du consommateur. Dès-lors toutes les parties d'un pays jouissent de tous les moyens de production.

Les progrès dans l'industrie commerciale, comme dans les autres industries, consistent à obtenir les mêmes avantages à moins de frais, ou, ce qui revient exactement au même, de plus grands avantages pour les mêmes frais. Les produits en sont moins chers et ils sont plus généralement consommés, plus activement reproduits. Or, le roulage est un moyen de communication borné et dispendieux ; il n'appartient pas à un état bien avancé dans les communications commerciales et d'approvisionnement. La navigation intérieure, dans la plupart des cas, doit remplacer le roulage, comme le roulage a remplacé les transports à dos de mulet : une bête de somme porte deux à trois quintaux ; une fois qu'elle est attelée à une charrette, elle en traîne dix ou quinze ; sur un canal ou en remontant une rivière, elle en mène plus de six cents.

En deux mots, tous les moyens de communication sont bons, en ce qu'ils multiplient les valeurs qui sont des richesses ; mais parmi les moyens de communication, les meilleurs sont la navigation.

Voyons maintenant en quoi l'état de la France réclame plus vivement des communications navigables, qu'à aucune autre époque antérieure.

Au milieu de nos troubles et des convulsions de l'Europe, l'industrie française a pris un très-grand développement ; c'est un fait qui n'est plus contesté ; on en peut assigner les causes, elles sont nombreuses, mais étrangères à mon sujet. Je ferai seulement remarquer qu'une interruption presque totale de communications maritimes, et des armées nombreuses sur le continent, ont refoulé au dedans les arts, les manufactures et le commerce, appelés à pourvoir aux besoins d'une population toujours croissante et accoutumée à se mieux traiter; car la fièvre des révolutions et des conquêtes n'est pas de ces maladies qui commandent la diète. Aussi presque tous les produits du commerce et de l'industrie française, les denrées nécessaires à la consommation de nos ménages, les matières premières de nos manufactures, circulèrent pendant nos longues guerres sur ces belles chaussées, restes du moins utiles de la grandeur de Louis XIV. Mais à toutes les époques on s'est plaint de la dégradation de nos routes, et des grandes dépenses qu'il fallait faire pour les entretenir, même imparfaitement; preuve qu'elles étaient fatiguées par de trop lourds fardeaux, et que les différens gouvernemens qui se sont succédés songaient à se soutenir par d'autres moyens que l'amour du bien public, qui cependant est le seul appui solide.

Mais nos grandes routes, fussent-elles aussi bien entretenues qu'elles sont fastueuses, les denrées lourdes et encombrantes ne peuvent supporter les frais d'un chemin un peu long. Les seuls favoris de la fortune pourraient se chauffer à Paris, si le bois et la houille n'y parvenaient que par la voie de terre. Les grains et farines, même lorsque leur rareté en élève le prix très-haut, ne peuvent supporter par terre un transport éloigné. Dans la dernière disette l'Alsace mourait de faim, tandis que la Bretagne était dans l'abondance.

La navigation intérieure est donc un des plus puissans moyens d'accroître les richesses des nations. Si ce principe est constant pour tous les états qui l'ont mis en pratique, comme la Chine, l'Angleterre, la Prusse et la Hollande, l'application en est encore plus naturelle et plus juste à la France qu'à tout autre pays. En effet, son heureuse position sur les deux mers, les riches bassins de ses fleuves et de ses nombreuses rivières, qui, rapprochés les uns des autres dans divers points de leurs cours, vont se perdre au Sud dans la Méditerrannée, à l'Ouest dans le grand Océan, au Nord dans la Manche et la mer d'Allemagne, l'abondance des eaux, la facilité d'en diriger le cours, l'industrieuse activité des Français, tout concourt à démontrer que la France verrait bientôt augmenter considérablement ses richesses et ses ressources en tout genre, si la navigation de beaucoup de rivières et la jonction des autres, désirées depuis si long-temps, étaient enfin ouvertes. C'est en multipliant ce genre de communication en France, que l'agriculture prendrait une face nouvelle, par le défrichement des terres qui sont incultes et sans rapport depuis la création du monde ; que le commerce, l'industrie et les arts prendraient un accroissement prodigieux, et que le royaume s'éleverait au plus haut degré de prospérité et de puissance ; puis, la population immense qui s'élève et qui n'a presque plus de débouché par la perte des principales de nos Colonies et de notre marine (perte auxquelles un marin français ne pense jamais sans douleur), y trouverait des moyens d'existence et de fortune.

Tels sont les moyens de communication que réclame la France : elle les réclame plus vivement encore que l'Angleterre; car elle n'est point comme elle dédommagée des difficultés de ses communications intérieures par un développement de côtes considérable et un littoral fortement découpé, qui laisse pénétrer les mers jusque dans le cœur du pays. Les houilles de Newcastle et du Lancashire peuvent arriver à Londres par mer; pouvons-nous faire venir de même celles de Saint-Etienne et de Valenciennes? Sachons donc gré aux patriotes et aux capitalistes qui dirigent leurs vues vers ces utiles spéculations; puissent-ils, sous un gouvernement protecteur, trouver, dans les produits de leurs entreprises et dans l'approbation publique, un juste dédommagement de leurs sacrifices!

Qu'une volonté ferme soit donc le partage des hommes qui se sentent capables de concourir à d'aussi belles entreprises, et les Français réaliseront chez eux ce qu'ils admirent chez leurs voisins; mais qu'ils se défient de la timidité et de l'esprit de routine. Trop de gens qui ne savent rien faire, ont le déplorable talent de nuire à qui veut faire; leur esprit, stérile pour trouver des moyens d'exécution, est fécond en objections et riche en obstacles. Ne les imitons pas : osons faire jouir nos concitoyens de ces élémens de prospérité, et nous serons dignes à notre tour d'être imités par d'autres.

Je voudrais pouvoir conduire ces incrédules hors des faubourgs de la ville de Glascow, du côté du Nord, par un chemin qui monte, après quelques circuits, et con-

tinue toujours à monter, ils apercevraient au sommet
de la colline une forêt de mâts ; et à force de monter, ils
arriveraient au bord de l'eau, et verraient le canal, qui, au
travers de l'Ecosse, joint les deux mers ; ils verraient de
nombreux navires, des magasins, des charpentiers, des
matelots, enfin tout ce qu'on voit dans un port de mer :
et chez nous, le canal de Briare, creusé sous Henri IV,
et sous Louis XIV celui du Midi, monumens honorables
pour le règne de ces princes et pour le génie des Français.

Je leur ferais voir des canaux qui ne sont que des chemins fluides, sur lesquels ont fait glisser sans frottement
de longues caisses rectangulaires qui méritent à peine le
nom de bateau, mais qui, enchaînées les unes aux autres, et se prêtant à toutes les sinuosités de leur route,
comme les anneaux d'un serpent, suffisent pour toute
espèce de transports et pour le commerce le plus actif.
L'Angleterre doit cette précieuse découverte au duc de
Bridgeswater, qui, vers 1758, imagina de rendre navigables les rigoles formées par l'eau d'épuisement de ses
mines de charbon de terre, dans le voisinage de Man-
chester. Il établit un canal parallèle à la rivière Mersey,
pour communiquer avec Liverpool, et ramener les produits de ce port de mer. Il réussit complètement ; et,
comme rien n'est contagieux comme le succès, c'est depuis ce temps peu éloigné que les canaux de navigation,
devenus moins dispendieux et couvrant moins d'espace,
ont pu se multiplier à un tel point sur la surface de l'Angleterre, que leur longueur totale excède aujourd'hui
deux mille lieues.

D'après cela, pourraient-ils croire à l'impossibilité de quelque chose en ce genre ?

Imitons donc nos voisins, en rendant nos rivières navigables et en creusant des canaux de navigation : cette source de richesses manque à notre belle France ; et on ne concevrait pas comment on a pu négliger ce grand moyen d'augmenter la force et la puissance nationale , si les chaînes de la féodalité n'expliquaient l'inaction de nos rois à cet égard.

PROJET

DE NAVIGATION

POUR LA RIVIÈRE DE DRONNE,

DEPUIS RIBERAC JUSQU'A LA FOURCHÉE SOUS COUTRAS.

LA navigation de cette rivière fut projetée sous le règne de Louis XVI; des ingénieurs furent envoyés sur les lieux, ils en levèrent les plans, ainsi que de celle de l'Isle (Ces deux rivières font leur jonction à la Fourchée sous Coutras). Ils prouvèrent qu'il était beaucoup plus avantageux, par diverses causes et principalement sous le rapport des difficultés, et par conséquent de la dépense, de donner la préférence à la première, parce que le Gouvernement ne voulait alors rendre navigable que l'une des deux; mais M. de Bertin (puissant à la cour) qui avait des propriétés sur l'Isle, fit pencher la balance en faveur de cette dernière (1). Les travaux s'exécutèrent, et une partie de cette rivière fut rendue navigable ; mais la mauvaise construction des écluses et le peu de soin qui fut porté à leur entretien, les ont rendues impraticables. Le Gouvernement fait travailler à leur restauration (2) , et une société anonyme s'occupe de prolonger cette navigation jusqu'à Périgueux.

(1) J'ai cherché et fait chercher sans succès à Paris dans les dépôts publics, les plans qui furent faits à cette époque.

(2) La reconstruction des écluses d'Abzac et de Penot vient d'être adjugée à des entrepreneurs.

Si, à cette époque, la navigation de la Dronne fut jugée facile, elle l'est bien plus aujourd'hui, par le perfectionnement de l'art hydrolique ; mais ce qui cause l'éloignement des capitalistes et des négocians pour ce genre d'entreprise, est fondé sur l'incertitude de la possibilité de leur exécution. En effet, cette possibilité ne peut être connue et prouvée que par la levée des plans, les nivellemens et les sondes, et comme ces opérations préliminaires indispensables, sont très-longues et très-dispendieuses, il est presque toujours impossible aux auteurs de pareils projets d'en faire la dépense. Impatient d'ouvrir de nouvelles sources à l'agriculture, au commerce, à l'industrie, à la prospérité du lieu qui m'a vu naître et aux contrées qui l'environnent (malgré que l'ingratitude et la jalousie (1), l'injustice des hommes m'aient fait payer si cher ce que j'ai déjà fait pour lui), je me suis occupé de faire opérer à mes frais les nivellemens, les sondes et les plans de cette rivière, de Laroche-Chalais à la Fourchée (2) ; tous les bourgs, villages et hameaux qui sont en vue sur les deux rives et ceux qui bordent la route de Laroche-Chalais à Coutras, ces deux petites villes, cette route, l'Aubardemont, enfin la partie de l'Isle de ce dernier lieu, à la Fourchée, où elle commence à être navigable et où elle fait sa jonction avec la Dronne, figurent sur ces plans. L'atlas qui les contient est digne de l'approbation des connaisseurs. L'homme le moins versé dans ces sortes de travaux y verra combien il est facile de rendre cette rivière navigable en tout temps (3); pour

(1) La jalousie, cette maladie des petites ames a été poussée jusqu'à effacer mon nom du tableau qui décore l'église de Laroche-Chalais : les insensés !......... ils ignoraient donc que cette action honteuse n'empêcherait pas qu'on ne dit d'âge en âge : Trigant-Gautier le fils, professant le culte des protestans, ami de la tolérance religieuse et de son pays, fut le fondateur de ce temple, érigé au culte catholique !

(2) Trois myriamètres ou six lieues communes de France.

(3) J'entends dire que la grande quantité de moulins qui est sur cette rivière est un obstacle insurmontable, qui s'oppose à cette navigation. Contradicteurs ignorans !!!.... vous ne concevez donc pas que ce sont précisément les chaussées de ces moulins qui assurent la-

en convaincre mes lecteurs, je vais mettre sous leurs yeux les obstacles à vaincre et les travaux à faire de Laroche-Chalais à la Fourchée.

PREMIER OBSTACLE.

Moulin de Coutras.

Au-dessus de ce moulin, à 680 mètres de distance, il serait creusé un canal sur la rive droite, dans le terrein appelé les Serpolets, de 298 mètres de longueur, y compris une écluse au bout de ce canal.

IIᵉ. OBSTACLE.

Moulin de Sablon.

Un canal de 150 mètres de longueur y compris une écluse au bout de la chaussée de ce moulin sur la rive droite.

IIIᵉ. OBSTACLE.

Gué de Sénat.

Un canal sur la rive droite de 140 mètres de longueur y compris une écluse pour éviter le gravier qui se trouve sur ce point.

IVᵉ. OBSTACLE.

Moulin de Monfourat.

Un canal de 360 mètres de longueur y compris une écluse au bout de la chaussée de ce moulin sur la rive droite.

réussite de l'entreprise ; que ce sont elles qui forment les bassins d'un moulin à l'autre ; que si elles n'existaient pas, il faudrait les créer, parce que, sans elles, la rivière de Dronne par sa pente, serait en été presque à sec en beaucoup d'endroits, et un torrent impétueux en hiver.

V^e. OBSTACLE.

Moulin de Chiron.

Un canal de 270 mètres de longueur y compris une écluse au bout de la chaussée de ce moulin sur la rive gauche.

VIe. OBSTACLE.

Moulin de Peireau.

Un canal de 300 mètres de longueur, y compris une écluse au bout de la chaussée de ce moulin sur la rive droite.

VIIe. OBSTACLE.

Gué de la Treille.

Pour détruire le gravier qui se trouve sur ce point, il suffirait de fermer un échappement de la rivière qui s'est formé sur la rive gauche , et d'en ramener l'eau dans le lit principal ; ce travail est de très-peu d'importance.

VIIIe. et DERNIER OBSTACLE.

Moulin de la Roche-Chalais.

Un canal de 230 mètres de longueur, y compris une écluse au bout de la chaussée de ce moulin sur la rive droite.

Au moyen de sept canaux et pareil nombre d'écluses ci-dessus indiqués, qui donnent ensemble une longueur totale de 1748 mètres, tous les obstacles, que présentent les moulins et bas-fonds et qui sont au-dessous, seraient évités, il ne resterait plus que les petits graviers qui se trouvent de loin en loin sur cette rivière ; mais ils sont de si peu d'importance que je n'ai pas cru devoir les classer au nombre des obstacles.

Il n'y a point de rochers proprement dit dans cette rivière, elle contient seulement un tuf en petite quantité, qui ne résiste pas au moindre choc, et que l'action de l'air réduit en poussière.

On voit, d'après l'exposé qui précède, combien il est facile de rendre cette rivière navigable, de Laroche-Chalais à la Four-chée ; il n'y a pas de plus grands obstacles pour prolonger cette navigation jusqu'à Riberac ; tout le travail se bornerait à-peu-près à un canal et une écluse, pour éviter chaque moulin, et suivant les calculs faits d'après les nivellemens, pour les canaux à creuser de Laroche-Chalais à la Fourchée, y compris l'emplacement des écluses qui seraient pour chacune de 33 mètres de longueur ; ils n'emporteraient pas de ce dernier lieu à Riberac, 60,000 mètres cube de terre.

Les carrières de moëlon qui se trouvent dans les cotaux voisins de cette rivière, qu'on emploierait utilement aux encaissemens de la maçonnerie des écluses, amoindriraient beaucoup les frais de construction. Les carrières de Fronsac ou de Bourg (sur Dordogne) fourniraient la pierre dure pour les paremens ; elle arriverait par eau jusqu'à Pied-d'OEuvre, et les bois nécessaires à ces travaux se trouveraient tous sur les lieux (1).

La fortune qui, malheureusement pour mon pays, ne va pas chez moi de conserve (2) avec l'amour du bien public, ne m'a

---

(1) On aurait peut-être désiré un devis estimatif des travaux à faire. Outre qu'un travail de cette nature serait trop volumineux pour trouver place dans cet écrit, il ne servirait à rien, parce que l'administration des ponts et chaussées ne pourrait s'arrêter à l'ouvrage d'un particulier, qui ne présente pas le degré de confiance nécessaire pour une entreprise aussi importante. Mon travail n'a donc eu pour objet que de prouver l'utilité et la facilité de l'exécution de mon projet, les avantages qui en résulteraient pour les habitans d'une grande étendue de pays, et l'espoir que l'Administration realiserait mes vœux.

(2) Terme de marine, qui se dit de deux vaisseaux qui font route ensemble.

pas permis, à mon grand regret, de pousser mes opérations plus loin que Laroche-Chalais ; néanmoins, ce que j'ai fait et qui comprend à-peu-près le tiers du cours de cette rivière de Riberac à la Fourchée , peut suffire pour apprécier approximativement les travaux à faire pour le tout.

Maintenant , je vais parler aux propriétaires riverains voisins et même éloignés de cette rivière , il me sera facile de leur démontrer les grands avantages qui résulteraient pour eux de l'exécution du projet que je soumets à leurs réflexions et à leurs calculs.

Je leur dirais : Vous employez des capitaux pour l'amélioration de vos terres , dont l'augmentation des revenus vous donne à peine deux et demi pour cent ; en les dirigeant vers la navigation à laquelle je vous propose de concourir, votre mise dehors rentrerait avec intérêt, elle augmenterait sans travail la valeur de vos propriétés , puisque par l'économie et la rapidité des transports , elle éleverait le prix de leurs produits , en vous donnant les moyens de les améliorer à moins de frais par le transport peu coûteux des engrais à de grandes distances , et en ouvrant de nouvelles routes à l'agriculture , au commerce et à l'industrie. Enfin, elle faciliterait le débouché de l'immensité de bois voisins de cette rivière qui sont presque sans valeur.

Laroche-Chalais , Saint-Aulaye , Bonnes , Aubeterre, et jusques aux plus petits hameaux , qui sont sur les rives de cette rivière ; prendraient une face nouvelle ; tous les moulins qu'elle comprend deviendraient des fabriques de farine pour l'approvisionnement de Bordeaux et du commerce extérieur; au lieu que maintenant , par l'éloignement , les difficultés des chemins , le haut prix des charrois et les avaries que la pluie cause aux farines, ils sont réduits à ne pouvoir s'occuper que de la monture du grain des particuliers.

Les fabriques de papier du canton d'Aubeterre, y trouveraient le plus grand avantage, puisqu'elles recevraient par la rivière les matières premières, et expédieraient de même les marchandises fabriquées sur Bordeaux. Aujourd'hui, elles sont obligées de tenir toute l'année des domestiques et des mulets, ou de payer les charrois fort chers, pour transporter à une distance de sept lieues de pays, par de mauvais chemins, ce qu'elles achètent et ce qu'elles vendent.

C'est surtout pour Riberac que cette navigation serait avantageuse, importante ! puisque ce chef-lieu d'arrondissement deviendrait l'entrepôt de toutes les productions des pays vastes et fertiles qui l'environnent. Que sont les établissemens qu'il possède (qui pourtant le font fleurir), en comparaison d'un port de rivière navigable communiquant directement avec Bordeaux, qui, par son heureuse position, serait le point de départ et de retour ?

On pourrait, en creusant un canal, dont l'embouchure serait au-dessous du moulin du Chalard (en évitant les obstacles que présente cette usine), et par le moyen du ruisseau du Ribéragais, faire monter les bateaux jusqu'au pont voisin de l'église dite de Chez-Coulaud. En détruisant quelques maisons, on établirait là le port.

Habitans de Riberac, portez-vous en idées aux fenêtres de vos maisons et sur les coteaux qui dominent votre ville, voyez le canal que je vous propose de creuser bordé de platanes ou de peupliers de la Caroline, couler au milieu de vos fertiles prairies, couvert de bateaux chargés des produits du sol, du commerce et de l'industrie, déposés dans vos entrepôts, et de marchandises en retour; contemplez le mouvement d'une active industrie, précurseur de l'abondance et de la richesse !

J'ai adressé à M. Cellerier, sous-préfet de Riberac, l'atlas que j'ai annoncé dans cet écrit, avec l'espoir bien fondé sans doute qu'il prendra en considération mon projet, et qu'il en provoquera l'exécution avec d'autant plus de raison, qu'il a déjà témoigné le désir de s'occuper de cette navigation, qu'il travaille à des établissemens d'utilité publique, et en outre, parce qu'il sait qu'ouvrir à notre commerce des voies pour faire circuler avec avantage les produits de notre territoire et de nos manufactures, c'est acquérir le titre le plus glorieux, AMI DE SON PAYS ! c'est consoler les malheureux, c'est assurer la tranquillité intérieure de la patrie, c'est consolider le trône constitutionnel et sauver la liberté, parce qu'il n'est point de patrie sans liberté, point de liberté sans fortune, et point de fortune sans commerce ! Le commerce !!!..... c'est le grand moteur de tout ce qu'il y a de beau dans l'univers, il fait prospérer les empires ; en utilisant son or, il étend ses relations au-dedans comme au-dehors, où il porte la vie, le mouvement et les richesses. Je voudrais lui rendre des actions de grâce ; mais dans la crainte de ne pas acquitter dignement le tribut de la gratitude, je m'arrête, et je me contente de répéter d'après Raynal : « Que n'ai-je reçu le génie et l'éloquence des célèbres orateurs » d'Athènes et de Rome ! Avec quelle grandeur, avec quel en- » thousiasme ne parlerais-je pas de ce grand véhicule de la puis- » sance, de la gloire et du bonheur des nations ! »

P. S. En lisant la dernière épreuve de cet ouvrage, j'ai pensé à Chalais, dont les murs sont baignés par la Tude, petite rivière qui se jette dans la Dronne, à un myriamètre de distance : cette rivière est très-facile à rendre navigable à peu de frais, parce qu'au moyen des écluses qui retiennent à volonté une eau toujours courante, on forme les bassins sur lesquels glissent sans obstacles des bateaux d'une grande dimension.

Il ne s'agit donc, pour couronner d'un plein succès l'utile et belle entreprise que j'indique, que de trois ou quatre écluses, et d'élargir le lit de cette rivière, en lui donnant un cours plus direct. C'est en exécutant ce projet qu'on fera de la petite ville de Chalais un point des plus importans, et l'entrepôt exclusif des productions territoriales, du commerce et de l'industrie d'une contrée fertile et très-étendue.

Comme il n'y a pas de doute que la rivière de Dronne soit rendue navigable, les habitans de Chalais et leurs voisins s'empresseront à l'envi (puisqu'il y va de leurs plus chers intérêts), de profiter des avantages que l'exécution de mon plan leur assure. Que ceux surtout qui par leurs talens, leur influence et leur fortune peuvent y concourir, saisissent cette heureuse occasion d'être les bienfaiteurs de leur pays !

FIN.